Texte • Medien

Fantastisches Lesen

Arbeitsheft

Erarbeitet von Jelko Peters

Schroedel

Texte • Medien

Herausgegeben von Peter Bekes und Volker Frederking

Druck A 1 / Jahr 2011
Alle Drucke der Serie A sind im Unterricht parallel verwendbar.

Redaktion: Frank Sauer
Herstellung: Ira Petersohn, Ellerbek
Reihentypografie: Iris Farnschläder, Hamburg
Satz: UMP Utesch Media Processing GmbH, Hamburg
Druck: pva, Druck und Medien-Dienstleistungen GmbH, Landau
Illustrationen: Ingo Lehnhof, Braunschweig.

Das Texte • Medien -Programm zu »Fantastisches Lesen«:

978-3-507-47434-5 Textausgabe mit Materialien plus MP3-Mini-CD
978-3-507-47834-3 Arbeitsheft
978-3-507-47934-0 Informationen für Lehrerinnen und Lehrer

Informationen und Materialien im Internet:
www.schroedel.de/textemedien

ISBN 978-3-507-47834-3

Inhalt

Verwendete Abkürzungen
T = **Texte** in der Textausgabe von »Fantastisches Lesen«: T, S. 8–134
M = **Materialien** in der Textausgabe von »Fantastisches Lesen«: M, S. 135–176

Einen Autoren-Steckbrief erstellen

1 Stelle eine Autorin oder einen Autor der fantastischen Geschichten vor, indem du über sie bzw. über ihn einen Steckbrief erstellst. Lies dazu zunächst die Hinweise zu den Schriftstellern (M, S. 136–144) durch und kreuze an, mit welcher Autorin oder mit welchem Autor du dich weiter beschäftigen willst.

- ☐ Michael Ende
- ☐ Cornelia Funke
- ☐ Alan Garner
- ☐ C.S. Lewis
- ☐ Henry H. Neff
- ☐ Otfried Preußler
- ☐ Pat O'Shea
- ☐ Michael Scott
- ☐ Jonathan Stroud
- ☐ J.R.R. Tolkien

2 Lies nun den Text zu deiner Autorin oder deinem Autor noch einmal und arbeite die wichtigsten Informationen heraus. Notiere deine Ergebnisse bei den folgenden Stichpunkten:

Lebensdaten: ____________________

gelernter Beruf: ____________________

Angaben zur Familie: ____________________

bekannteste Bücher und Verfilmungen: ____________________

wichtige Themen und Handlungen in den Werken: ____________________

Auszeichnungen und Preise: ____________________

Das ist mir beim Lesen der Information aufgefallen:

____

____

Das möchte ich noch wissen:

____

3 Du kannst deine Notizen ergänzen und mögliche offene Fragen beantworten, wenn du im Internet recherchierst. Erstelle dann anhand deiner Notizen einen Autoren-Steckbrief und hänge ihn in der Klasse aus.

Eine Mindmap zur Fantasy-Literatur erarbeiten

1 Um die Fantasy-Literatur von anderen Texten unterscheiden zu können oder auch wenn du selbst eine Fantasy-Geschichte schreiben möchtest, ist es nötig, die wichtigsten Merkmale der Fantasy-Literatur zu kennen. Lies dazu den Text im Materialienteil (M, S. 149–150) und ergänze die Stichworte in der Mindmap.

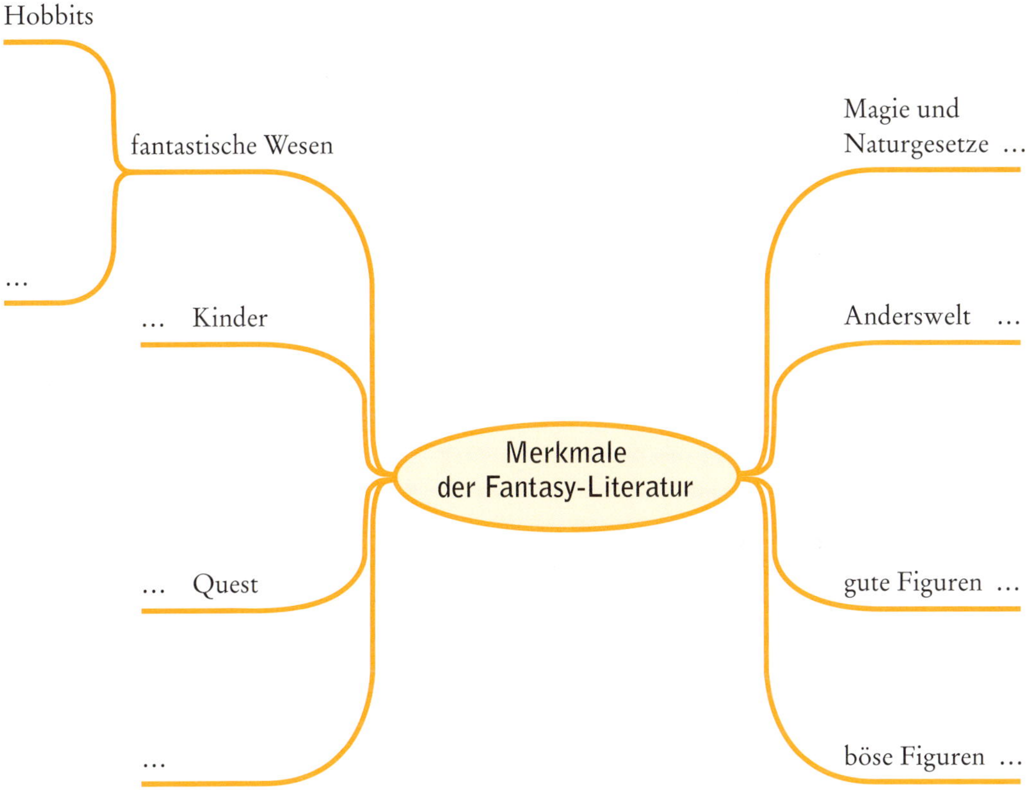

2 Vergleiche deine Einträge mit einem Partner oder Partnerin und ergänze deine Mindmap.

3 Beschreibe die wesentlichen Unterschiede zwischen Fantasy und anderer Literatur – zum Beispiel einem Krimi oder einem Jugendbuch, das in der Realität spielt.

Eintritt in eine andere Welt

C.S. Lewis: Die Reise auf der Morgenröte

1 Lies den Auszug aus dem Roman »Die Reise auf der Morgenröte« von C.S. Lewis (T, S. 9–22) oder höre dir den Auszug auf der beiliegenden MP3-Mini-CD an.

2 Gleich am Anfang des Romans wird Eustachius als »Knilch« bezeichnet und behauptet, dass er diesen Namen »verdient« habe. Doch was ist eigentlich ein Knilch? Kreuze die Umschreibung an, welche den Begriff richtig erklärt.

- ☐ ein intelligenter Junge
- ☐ ein unangenehmer Mensch, Kerl
- ☐ ein Spaßvogel
- ☐ ein Riese

3 Eustachius' Eltern gelten als modern und fortschrittlich. Doch was sind seine Eltern nicht? Kreuze die richtigen Antworten an.

- ☐ Vegetarier
- ☐ Weltraumfahrer
- ☐ Fleischesser
- ☐ Nichtraucher
- ☐ Antialkoholiker
- ☐ Computerfreaks

4 Wie heißen die Kinder, die schon einmal in Narnia waren? Ein Name passt nicht zu den anderen. Streiche ihn durch.

Edmund   Lucy   Peter   Suse   Thomas

5 Warum hat Tante Alberta das Bild mit dem Schiff nicht weggeworfen?

____

____

____

6 Notiere, warum Lucy das Bild so sehr gefällt.

____

____

____

____

7 Wie stellst du dir das Bild mit dem Schiff vor? Lies die Beschreibung nochmals durch und zeichne es dann auf.

8 Welchem Bewohner aus Narnia begegnen die Kinder auf dem Schiff zuerst?

9 Was bekommen die Kinder zu trinken?

10 Wo oder wie möchte Eustachius das Schiff verlassen? Kreuze die richtige Antwort an.

- ☐ beim nächsten Hafen
- ☐ bei der nächsten Haltestelle
- ☐ gar nicht
- ☐ er will ins Meer springen

11 Auf dem Schiff treffen die Kinder auf Riepischiep. Beschreibe dieses Wesen aus Narnia. Was ist besonders an Riepischiep?

Cornelia Funke: Tintenherz

1 Lies den Auszug aus dem Roman »Tintenherz« von Cornelia Funke (T, S. 23–33) oder höre dir den Auszug auf der beiliegenden MP3-Mini-CD an. Löse anschließend das Kreuzworträtsel zu der Geschichte.

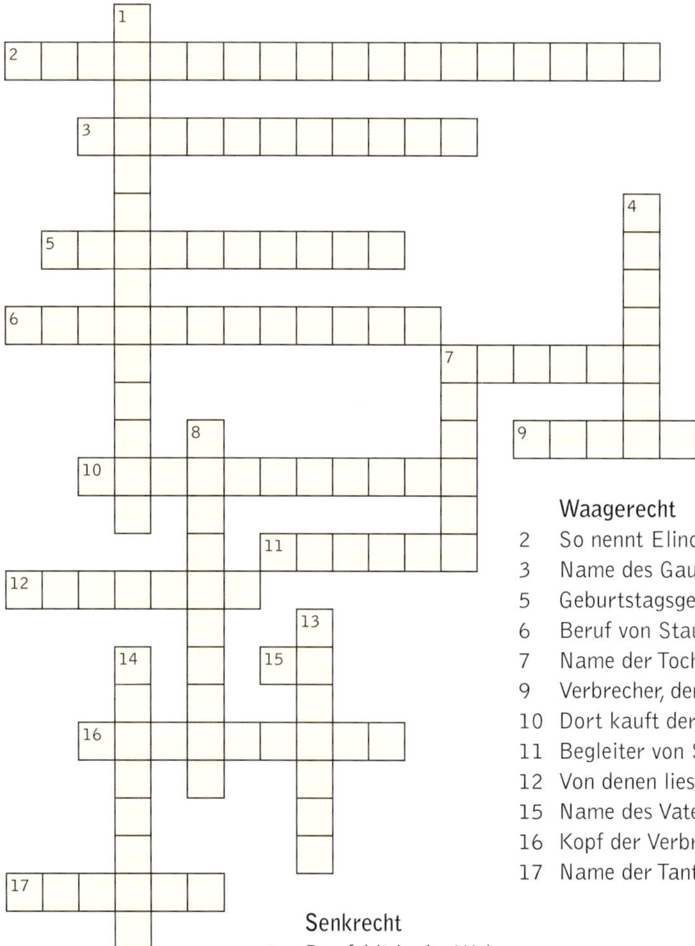

Waagerecht
2 So nennt Elinor Staubfinger.
3 Name des Gauklers
5 Geburtstagsgeschenk für Meggie
6 Beruf von Staubfinger
7 Name der Tochter
9 Verbrecher, der immer ein Messer dabei hat.
10 Dort kauft der Vater oft Bücher.
11 Begleiter von Staubfinger
12 Von denen liest die Mutter gerne.
15 Name des Vaters
16 Kopf der Verbrecherbande
17 Name der Tante

Senkrecht
1 Das fehlt in der Wohnung.
4 Waffe, an der vielleicht Blut klebt.
7 Die fehlt Meggie sehr.
8 Name des Buches, aus dem vorgelesen wird.
13 Diese fantastischen Gestalten mag Meggies Mutter sehr.
14 Der geht kaputt.

2 Erkläre, warum Mo nie wieder aus einem Buch vorlesen will. Begründe, ob du dich an seiner Stelle auch so verhalten würdest.

Den Eintritt in eine andere Welt beschreiben

1 Fantastische Welten kann man durch Bücher oder Bilder betreten. Aber es gibt noch andere Wege. Wie stellst du dir den Eintritt in eine andere, in eine fantastische Welt vor? Lasse dich von folgenden Übergangsmöglichkeiten anregen, wähle eine Möglichkeit aus oder erfinde eine eigene.

Du öffnest einen Kühlschrank und entdeckst hinter den Lebensmitteln eine andere Welt.

Du bist mit einem Boot auf einem Fluss unterwegs.

Du gerätst im Wald in einen Nebel.

Du fällst plötzlich in ein Loch oder in einen Brunnen.

Du gehst durch einen Spiegel.

Der Fernseher zieht dich in sein Programm.

Du bist in der Welt deines Computerspiels dabei.

Du öffnest versehentlich ein Zimmer in einem alten Landhaus.

Ein Fahrstuhl fährt in ein unbekanntes Stockwerk.

2 Beschreibe nun, wie du dir vorstellst, in eine fantastische Welt zu gelangen.

Zaubern lernen

Jonathan Stroud: Bartimäus

1 Lies den Auszug aus dem Roman »Bartimäus« von Jonathan Stroud (T, S. 36–43) oder höre dir den Auszug auf der beiliegenden MP3-Mini-CD an.

2 Welches Problem haben die Zauberer in dem Roman »Bartimäus«.

____

3 Aus wessen Sicht wird der Roman erzählt? Kreuze die richtige Sichtweise an.

☐ aus der Sicht des Dschinn ☐ aus der Sicht des Jungen

4 Wie stellst du dir das Zimmer vor, in dem sich der Junge und der Dschinn befinden? Zeichne es mit dem Jungen und dem Dschinn.

5 Wie wirkt die Geschichte auf dich? Wie wird sie erzählt? Kreuze die entsprechende Erzählhaltung an und ergänze weitere Haltungen. Begründe kurz deine Entscheidung mit Textbelegen.

☐ ernst ☐ wissend ☐ komisch ☐ bewegt ☐ gleichgültig

☐ mitfühlend ☐ unsicher ☐ ironisch ☐ ______ ☐ ______

____

____

6 Welchen Eindruck macht der Dschinn Bartimäus auf dich? Würdest du ihn heraufbeschwören? Begründe kurz deine Meinung.

Otfried Preußler: Krabat

1 Lies den Auszug aus dem Roman »Krabat« von Otfried Preußler (T, S. 44–49) oder höre dir den Auszug auf der beiliegenden MP3-Mini-CD an. Löse das Quiz zu der Geschichte, indem du jeweils die richtige Antwort ankreuzt und anschließend die letzte Frage schriftlich beantwortest.

2 An was für einen Ort befinden sich die Jungen?

☐ in einer Gaststätte ☐ auf einem Bauernhof ☐ in einer Mühle ☐ in einer Bäckerei

3 An welchem Tag spielt die Geschichte?

☐ Weihnachten ☐ Karfreitag ☐ Ostersonntag ☐ Pfingsten

4 Wie viele Schüler hat der Meister?

☐ 9 ☐ 10 ☐ 11 ☐ 12

5 Was steht auf dem Tisch des Meisters?

☐ ein Totenkopf mit brennender roter Kerze ☐ eine Flasche Schnaps

☐ der Schreibtisch ist leer ☐ Papier und Federkiel

6 Aus welchem Buch liest der Meister vor?

☐ Bibel ☐ Schulbuch für Zauberer ☐ Koraktor ☐ Er trägt alles auswendig vor.

7 Der Meister zwingt niemanden zum Lernen und kontrolliert auch nicht, ob seine Schüler etwas behalten haben. Wie würdest du dich verhalten? Würdest du versuchen, die Zaubersprüche zu lernen? Begründe kurz deine Entscheidung.

____

____

____

____

____

Henry H. Neff: Schule der Magier

1 Lies den Auszug aus dem Roman »Schule der Magier« von Henry H. Neff (T, S. 50–57) oder höre dir den Auszug auf der beiliegenden MP3-Audio-CD an.
Löse anschließend das Kreuzworträtsel zu der Geschichte.

Waagerecht

2 Vorname des Helden der Geschichte
4 Vorname eines Schülers mit vielen »Pferdestärken«
7 Vorname eines weiteren Schülers
10 Nachname der älteren Lehrerin
11 Nachname von Lucia
12 Das sollen die Schüler zaubern.
13 Bezeichnung für die Schüler
15 Anzahl der Kamine im Klassenraum

Senkrecht

1 Dort findet scheinbar der Unterricht statt.
3 Damit zaubern die jungen Magier nicht.
5 Ein Werkzeug der Zauberer
6 Vorname einer Schülerin
8 Das liegt in der Mitte des Klassenraums.
9 Nachname der jungen Lehrerin
14 Durch sie gewinnt der Zauberer Kraft.

2 Würdest du gerne auf eine Zauberschule wie Rowan gehen? Begründe deine Entscheidung.

Einen Stundenplan für eine Zauberschule erstellen

1 Stell dir vor, du wirst beauftragt, einen Stundenplan für eine Zauberschule zu entwerfen. In welchen Fächern würde der Unterricht stattfinden? Welche neuen, welche alten Fächer würde es geben? Wann beginnt die Schule, wann endet sie? Wie lang sind die Pausen? Fülle den folgenden Stundenplan aus.

	Zeit	Montag	Dienstag	Mittwoch	Donnerstag	Freitag
1						
2						
3						
4						
5						
6						
7						
8						

2 Vergleiche deinen Stundenplan mit einer Partnerin oder einem Partner. Welche Gemeinsamkeiten und Unterschiede könnt ihr feststellen?

Unsere Welt – fantastische Welt

Alan Garner: Der Zauberstein von Brisingamen

1 Lies den Auszug aus dem Roman »Der Zauberstein von Brisingamen« von Alan Garner (T, S. 60–69) oder höre dir den Auszug auf der beiliegenden MP3-Audio-CD an.

2 Wo befinden sich die Kinder? Kreuze die richtige Antwort an.

☐ Haus ☐ Schloss ☐ Tunnel ☐ Höhle

3 Warum sagt Colin, dass er und seine Schwester wie die Hamster im Laufrad sind?

____

____

____

4 Wer ist plötzlich weg?

____

____

____

5 Wie stellst du dir einen Svart vor? Zeichne ihn. Lies vorher den Artikel über Elfen (M, S. 154).

6 Colin bekommt Hilfe von dem Zwerg Durathror. Betrachte das Bild und begründe, ob der Zwerg deinen Vorstellungen von Durathror entspricht. Lies dazu nochmal nach, wie der Zwerg beschrieben wird und wie er in der Geschichte auftritt.

7 Was essen Fenodyree und Susan, als Durathror und Colin sie finden?

____

8 Was bedeutet Colins Name in der Sprache von Fenodyree und Durathror?

____

9 Notiere den Namen von Durathrors Schwert.

____

10 Erkläre, warum Fenodyree und Durathror auf einen Kampf mit den Svarts verzichten.

____

____

Michael Scott: Der unsterbliche Alchemyst

1 Lies den Auszug aus dem Roman »Der unsterbliche Alchemyst« von Michael Scott (T, S. 70–82) oder höre dir den Auszug auf der beiliegenden MP3-Mini-CD an. Löse anschließend das Kreuzworträtsel zu der Geschichte.

Waagerecht

5 In diesem US-Bundesstaat befindet sich der Weltenbaum.
7 Der leert sich sofort in dem Weltenbaum.
8 Mischwesen aus Mensch und Tier
9 Nachname des Magiers
10 Dort befinden sich die Zwillinge.
12 Scatty isst kein Fleisch und trinkt kein Blut, denn sie ist eine ...
13 Name der Kriegerin
14 Name der Göttin, die den Weltenbaum bewohnt
15 Das wächst im Weltenbaum.
17 Vorname des weiblichen Zwillings

Senkrecht

1 Aus diesem Material besteht fast alles im Weltenbaum.
2 Sucht man vergebens im Weltenbaum.
3 Name des Weltenbaums
4 Der Weltenbaum ist so groß wie ein ...
6 Der Weltenbaum gehört nicht in unsere Welt, sondern ist ein ...
11 Vorname des Magiers
12 Das ist Scatty.
14 Bezeichnung für Menschen
16 Vorname des männlichen Zwillings

Pat O'Shea: Die Meute der Mórrígan

1 Lies den Auszug aus dem Roman »Die Meute der Mórrígan« von Pat O' Shea (T, S. 83–95) oder höre dir den Auszug auf der beiliegenden MP3-Mini-CD an.

2 Welchen Eindruck machen die beiden Frauen auf dich? Kreuze an, welche Eigenschaften deiner Ansicht nach zutreffend sind. Füge gegebenenfalls ein weiteres Adjektiv hinzu.

☐ nett ☐ freundlich ☐ falsch ☐ vertrauenserweckend

☐ überheblich ☐ zuvorkommend ☐ geheimnisvoll ☐ ____________

3 Woran kann man erkennen, dass es sich bei Breda Ekelschön und Melody Mondlicht um Hexen handelt?

____

____

____

4 Womit locken Ekelschön und Mondlicht die Kinder an? Kreuze die richtige Antwort an.

☐ Musik ☐ Tabak ☐ Süßigkeiten ☐ Geld ☐ Elektrizität

5 Der Frosch spricht, wie ein Frosch eben spricht. Übersetze die beiden Sätze, indem du sie in der richtigen Rechtschreibung notierst:
»Die sin ganz wild auf Kinder, die kochense in nem großen schwarzen Topf mit Schnittlauch un Zwiebln. Zum Glück sinse nich wild auf Frösche.«

____

____

»Wegn dem Holzhamma«, sagte der Frosch. »Sie ham ihn da drin, und ›eine falsche Bewegung‹, ham se gesagt, und se haun mir auf die Pfotn.«

____

____

6 Wie wird die Geschichte wohl weitergehen? Schreibe eine Fortsetzung über die Begegnung von Pidge und Brigit mit dem Frosch und den beiden Hexen.

Das Fantastische in unserer Welt aufspüren

1 Stell dir vor, auch in deiner Nachbarschaft oder sogar bei dir zu Hause, hat das Fantastische Einzug gehalten. Wo könntest du es finden? Überprüfe in Stichworten, wie fantastisch deine Umgebung ist.

- Welche Häuser wirken auf dich fantastisch? Welche sind vielleicht besonders alt oder verwinkelt? Welche könnten ein Geheimnis verbergen? Zeichne ein Haus auf.

- Welche Wege oder Straßen, die du kennst, könnten zu einem fantastischen Ort führen? Beschreibe das Fantastische an dem Weg.

- Welche Orte in deiner Nachbarschaft oder Umgebung könnten schon zu einer anderen fantastischen Welt gehören? Sind es Wälder, ein Baum, vielleicht sogar deine Schule? Suche nach einem solchen Ort und erkläre, was an ihm fantastisch ist.

- Welche Personen wirken auf dich so, als ob sie Kontakt zu einer anderen Welt haben? Wer könnte ein Zauberer sein oder ein Held in einer fantastischen Geschichte?

- In welchen Tieren steckt Magie? In einem Eichhörnchen, einer Katze, einem Vogel, einem Hund oder …? Überlege, was für Magie in einem Tier sein könnte.

2 Beschreibe nun deine Welt als eine fantastische Welt.

Begegnungen mit und zwischen fantastischen Wesen

J. R. R. Tolkien: Der kleine Hobbit

1 Lies den Auszug aus dem Roman »Der kleine Hobbit« von J. R. R. Tolkien (T, S. 98–111) oder höre dir den Auszug auf der beiliegenden MP3-Mini-CD an.

2 Wer wird vermisst?

3 Was suchen die Zwerge an diesem Abend? Kreuze die richtige Antwort an.

☐ einen Platz zum Schlafen ☐ eine Höhle ☐ ein Schwert ☐ einen Zauberstab

4 Wie heißen die Zwerge? Umkreise die Namen, die in dem Textauszug genannt werden, und unterstreiche die Namen, die nicht dazugehören.

Balin – Berti – Bifur – Bofur – Bombur – Dori – Fili – Gloin – Hucki – Kili – Nori – Oin – Thorin – Toni

5 Zu welchen Wesen gehören die unterstrichenen Namen?

6 Welchen Auftrag erhält Bilbo von den Zwergen?

7 Erkläre, warum der Hobbit Bilbo so geeignet dafür ist, sich an jemanden anzuschleichen.

8 Bilbo trifft auf drei Trolle. Diesen Moment hat sich ein Zeichner so wie auf dem Bild vorgestellt. Lies noch einmal in dem Textauszug nach, wie die Trolle beschrieben werden und betrachte dazu die Zeichnung. Entscheide, ob du das Bild zur Illustration der Entdeckung der Trolle durch Bilbo veröffentlichen würdest.

- ☐ Ja, ich würde dieses Bild veröffentlichen, weil …
- ☐ Nein, ich würde dieses Bild nicht veröffentlichen, weil …

9 Wo versteckt sich Bilbo vor den Trollen? Kreuze die richtige Antwort an.

- ☐ hinter einen Stein
- ☐ hinter einem Pony
- ☐ hinter einen Baum
- ☐ hinter einem Hammel

10 Erkläre, warum Bilbo und die Zwerge von den Trollen erwischt werden.

____

11 Bilbo und die Zwerge werden von Gandalf gerettet. Aber wie? Beschreibe in eigenen Worten, wie Gandalf gegen die Trolle vorgeht und wie er sie besiegt.

____

____

____

____

12 Lies nach, was passiert, als der erste Sonnenstrahl auf die Trolle trifft und zeichne diesen Moment.

Cornelia Funke: Drachenreiter

1 Lies den Auszug aus dem Roman »Drachenreiter« von Cornelia Funke (T, S. 112–119) oder höre dir den Auszug auf der beiliegenden MP3-Mini-CD an. Löse anschließend das Kreuzworträtsel zu der Geschichte.

Waagerecht

4 Die will der Professor bei Lung streicheln.
5 Name des Drachen
6 Farbe des Drachenfeuers
7 Vorname des Professors
9 Darin verfängt sich eine Waldfee.
10 Fachgebiet des Professors
11 Das bleibt vom Basilisken übrig.
13 Die beste Waffe gegen Basilisken
14 Nachname des Professors
16 Verpestet die Wohnung des Basilisken.
17 Augenfarbe des Basilisken

Senkrecht

1 Darauf tritt der Professor beim Drachen.
2 So nennt der Basilisk den Drachen.
3 Geflügeltes Pferd
8 Schriftzeichen der Ägypter am Höhleneingang
12 Bezeichnung für das Ungeheuer
15 Diesem Tier ähnelt das Ungeheuer.
16 Darin wohnt der Basilisk.

2 Lies den Artikel über Drachen im Materialienteil (M, S. 153) und erkläre, was für eine Art Drache Lung ist.

Michael Ende: Die unendliche Geschichte

1 Lies den Auszug aus dem Roman »Die unendliche Geschichte« von Michael Ende (T, S. 120–131) oder höre dir den Auszug auf der beiliegenden MP3-Mini-CD an.

2 An welchem Ort befindet sich Atréju?

3 Welches Wesen verfolgt Atréju? Kreuze die richtige Antwort an.

☐ Löwe ☐ Basilisk ☐ Drache ☐ Ygramul ☐ Wolf

4 Atréju trifft auf Fuchur. Wie stellst du dir den Glücksdrachen vor? Zeichne ihn.

5 Erkläre, warum man Ygramul nicht eindeutig zeichnen kann.

6 Beschreibe, was passiert, nachdem Atréju das Geheimnis von Ygramul erfahren hat.

Sich ein fantastisches Wesen ausdenken

1 Denke dir selbst ein fantastisches Wesen aus. Überlege dir zuerst, welche Eigenschaften es hat und wie es heißen könnte. Bastle dazu aus den folgenden lateinischen Wörtern einen Namen für dein Wesen. Ein Wesen, das gleichzeitig gut, klug und scharfe Zähne hat, könnte zum Beispiel »Bosacu« heißen.

gut: bonus	böse: malus	groß: magnus	klein: parvus
klug: sapiens	dumm: stultus	gefährlich: periculosus	scharf: acutus
Drache: Draco	Fisch: piscis		

Der Name für meine Wesen: ______________________________

2 Wie stellst du dir dein Wesen vor? Zeichne ein Bild von ihm.

3 Erfinde und beschreibe einen Lebensraum für dein Wesen. Wo wohnt es? Was frisst es am liebsten? Wer sind seine Freunde oder Feinde? Was ist sein Geheimnis? Welche Abenteuer erlebt dein Wesen?

____

____

____

____

Zu einem Satz eine fantastische Geschichte schreiben

1 Lies im Materialienteil (M, S. 146) nach, wie wichtig der erste Satz für Michael Ende beim Schreiben von Geschichten ist und erkläre die Bedeutung des ersten Satzes in eigenen Worten.

2 Wähle aus den folgenden Anfängen einen aus, den du fortsetzen willst. Schreibe so eine eigene fantastische Geschichte.

Leon, ein junger Schuhmacher, lehnte sich aus dem Fenster, schaute die alte Eiche hinauf und blickte auf die ruhige staubige Straße. Er hatte nichts zu tun.

Nacht! Nacht! Es war Nacht. Um mich herum sind dunkle, schwarze Räume. Ich weiß nicht, wo ich bin, aber ich schwebe in dieser unendlichen Finsternis.

Ich gehe heute, um genau 16:41 Uhr, bei hellem Sonnenschein, am 22. Januar 2011, durch die Fußgängerzone an einem Mann vorbei, der mich höflich grüßt und ich, ich grüße ihn freundlich zurück.

Als ich an dem oberen Knopf der Dose drehte, klappte das kleine Gefäß auf und ich fand einige Kräuter, deren wundersamer Duft mir sofort in die Nase stieg.

Mitten auf dem Feld entdeckte ich ein Schwert, um das sich eine grüne dornige Pflanze rankte.

Zu Bildern fantastische Geschichten erzählen

1 Betrachte die Bilder auf dieser und der nächsten Seite und wähle ein Bild aus, zu dem du eine fantastische Geschichte erzählst. Mache dir zu dem Bild Notizen und beantworte folgende Fragen in deinem Heft:

An welchem Ort befinden sich die Kinder?
Warum sind sie dort?
Was passiert in diesem Moment?

Wie heißen die drei Kinder? Sind sie Freunde?
Was denken sie in diesem Moment?
Was ist das für ein Wesen hinter der Tür?

In was für einer Zeit leben sie?
Spielt deine Geschichte in der Gegenwart oder vielleicht vor 100 oder gar 1000 Jahren?

Was ist zuvor geschehen?
Was passiert als Nächstes?

Mache dir auch zu diesem Bild Notizen und beantworte folgende Fragen in deinem Heft:

An welchem Ort befinden sich die Wesen?
Warum sind sie dort?
Was passiert in diesem Moment?

Was für Wesen werden dargestellt?
Wie heißen sie?
Wer rennt die Treppe herunter?
Wer steht oben an der Tür?

In was für einer Zeit leben sie?
Spielt deine Geschichte in der Gegenwart oder vielleicht vor 100 oder gar 1000 Jahren?

Was ist zuvor geschehen?
Was passiert als Nächstes?

Zu einer Karte eine fantastische Geschichte erfinden

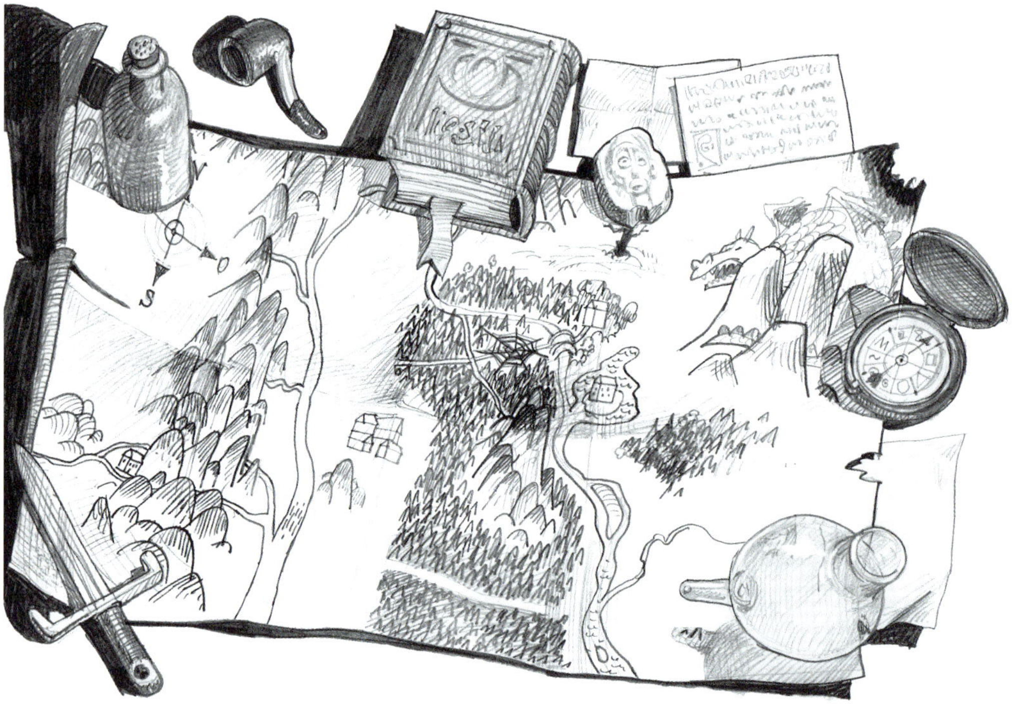

1 Vertiefe dich in die Karte und betrachte sie genau.
- Wie werden wohl die Berge, die Orte, der Wald, der Vulkan, der See und die Berge heißen? Gib ihnen Namen und beschrifte die Karte.
- Was für ein Drache ist dort auf der Karte eingezeichnet? Wie mag er heißen? Ist er gut oder ist er böse? Lies dazu noch einmal den Artikel über Drachen nach (M, S. 153).

2 Überlege dir, wer die Karte wohl gezeichnet hat. Auf was für eine Reise mag es wohl gehen? Wozu werden die Gegenstände auf der Karte benötigt? Welche Dinge wird er oder sie mit auf die Reise nehmen?

3 Entscheide, wo die Reise beginnt und endet. Zeichne dann die Reiseroute auf der Karte ein und überlege, welche Abenteuer der Reisende unterwegs bestehen wird.

4 Schreibe eine fantastische Geschichte zu der Karte.

Eine fantastische Geschichte vorlesen

Viele Geschichten wirken besonders spannend, wenn man sie vorliest. Eine Geschichte vorzulesen ist aber gar nicht so einfach. Doch auch du kannst ein guter Vorleser werden, wenn du dich entsprechend vorbereitest.

1 Höre dir einen Auszug an, den Rainer Rudloff vorliest. Kreuze an, wie er folgende Tipps zum Vorlesen umsetzt:

	fällt mir sehr auf	fällt mir auf	fällt mir etwas auf	fällt mir gar nicht auf
Lies ruhig und nicht zu schnell.				
Lies deutlich.				
Beachte jedes Wort.				
Lies mit Gefühl. Mache deutlich, wenn eine Figur traurig, lustig, wütend, ängstlich usw. ist.				
Mache Pausen. Beachte dazu die Satzzeichen.				
Hab Spaß beim Vorlesen und lasse den Zuhörer an deinem Spaß teilhaben.				

2 Übe selbst das Vorlesen mit den folgenden Sätzen aus den Geschichten auf S. 30. Markiere dazu die Wörter und Sätze mit Lesezeichen, um dir das Vorlesen zu erleichtern.

Lesezeichen:

kurze Pause | lange Pause || Wörter durch Unterstreichen hervorheben ______
Leiser werden > Lauter werden < Stimme senken Stimme heben

Aus: **Bartimäus** (T, S. 37):

Das abgedunkelte Zimmer füllte sich mit einer stickigen gelben Schwefelwolke, in der verschwommene schwarze Schatten wühlten und waberten, und von weit her erklang ein vielstimmiger Schrei.

Aus: **Der Zauberstein von Brisingamen** (T, S. 68):

Bumm, bumm. Bumm. Bumm, bumm. Bumm. Bumm, bumm. Bumm. Bumm, bumm. Bumm.

»Vielleicht ist den Arm schon müde, ehe du das Licht siehst«, sagte Fenodyree.

»Dies ist der Ruf zur Svart-Versammlung. Wir müssen uns sputen.«

Aus: **Die Meute der Mórrígan** (T, Seite 91)

»Gestern wies dunkel wird, hüpf ich rum wie immer, und da seh ich den großn blaun Möbelwagn. Seine hintern Türn warn weit offn, und da is ganz lustige, lässige Musik rausgekomm', da binnich ganz wild und hopsig wordn. Und da war'n großes Schild an nem Nagel. Binnich hingehüpft, ist da gestanden: ›Heute Abend große Gala. Für Frösche freier Eintritt bis zehn Uhr.‹ Ich hab nichn Moment verbibbert. Ach, was binnich fürn Dummfrosch gewesn!«

Aus: **Der kleine Hobbit** (T, S. 101)

»Jetzt bekommt unser Meisterdieb Arbeit«, sagten sie. Sie meinten Bilbo. »Du musst weitergehn und herausfinden, was das für ein Licht ist, wozu es brennt und ob dort alles mit rechten Dingen zugeht«, sagte Thorin zu dem Hobbit. »Los jetzt, und komm schnell zurück, wenn alles in Ordnung ist! Wenn nicht, komm auch zurück, wenn du kannst!« Wenn du nicht kannst, mach zweimal schuhuuh wie eine Schleiereule und einmal wie eine Schneeeule, und wir tun für dich, was wir können.«

3 Suche dir nun einen Textausschnitt von ungefähr zwei Seiten Länge aus, den du zum Vorlesen einüben kannst.

Filmplakate und Buchcover bewerten

1 In dem Materialienteil findest du einige Filmplakate und Buchcover (M, S. 136–143). Wähle ein Bild aus, das dir besonders gefällt. Beschreibe, was auf dem Bild dargestellt wird, und achte besonders darauf, welche fantastischen Elemente du auf dem Bild erkennst.

2 Begründe, warum dir das Bild gefällt.

3 Betrachte noch mal die Bilder. Welchen Film oder welches Buch würdest du dir wegen der Gestaltung ansehen bzw. lesen?

Einen Buchtipp erstellen

1 Lies einen fantastischen Roman und schreibe über ihn einen Buchtipp. Fertige dir zur Vorbereitung deines Buchtipps stichpunktartig Notizen zu den folgenden Bereichen an:

Autor: ____________________

Titel: ____________________

Verlag: ____________________

Seitenzahl: ____________________

Kurzer Inhalt des Romans:

____

____

____

Das Fantastische im Roman:

____

____

____

Das gefällt mir besonders an dem Buch:

____

____

____

Ich empfehle dieses Buch, weil

____

____

2 Schreibe nun deinen Buchtipp. Du kannst ihn auch als Plakat gestalten und in deinem Klassenraum aushängen.